AF407884